Quod Enigma

Uns ist der Heiland geboren!

Quod Enigma

Uns ist der Heiland geboren!

Christus - der Germanen König

Fromm Verlag

Imprint
Any brand names and product names mentioned in this book are subject to trademark, brand or patent protection and are trademarks or registered trademarks of their respective holders. The use of brand names, product names, common names, trade names, product descriptions etc. even without a particular marking in this work is in no way to be construed to mean that such names may be regarded as unrestricted in respect of trademark and brand protection legislation and could thus be used by anyone.

Cover image: www.ingimage.com

Publisher:
Fromm Verlag
is a trademark of
International Book Market Service Ltd., member of OmniScriptum Publishing Group
17 Meldrum Street, Beau Bassin 71504, Mauritius
Printed at: see last page
ISBN: 978-613-8-36704-8

Inhaltsverzeichnis:

I. Einstimmung – nach Jesu Stammbaum und Geburt:[1]

[1] Vgl. https://de.wikipedia.org/wiki/Kindermord_in_Bethlehem:Kindermord in Bethlehem: Als Kindermord in Bethlehem (traditionell auch Bethlehemitischer Kindermord) bezeichnet die christliche Tradition die in der Weihnachtsgeschichte des Matthäusevangeliums (Mt 2 EU) überlieferte Tötung aller männlichen Kleinkinder in Bethlehem, die von König Herodes dem Großen angeordnet worden sei, um den – wie ihn der Evangelist nennt – neugeborenen König der Juden, Jesus von Nazaret, zu beseitigen. Eine Mehrheit der Herodes-Biographen und „wahrscheinlich eine Mehrheit der Bibelforscher" halten das Ereignis für fiktiv. Biblische Darstellung: Das zweite Kapitel des Matthäusevangeliums (Mt 2 EU) berichtet im Rahmen der Erzählung von der Geburt Jesu Christi in Bethlehem über die Verehrung des Neugeborenen durch Sterndeuter (später fälschlich bezeichnet als die Heiligen Drei Könige) aus dem Osten. Dort heißt es: „Als Jesus zur Zeit des Königs Herodes in Bethlehem in Judäa geboren worden war, kamen Sterndeuter aus dem Osten nach Jerusalem und fragten: Wo ist der neugeborene König der Juden? Wir haben seinen Stern aufgehen sehen und sind gekommen, um ihm zu huldigen." – Mt 2,1–2 EU Mt 2 erzählt davon, dass der herrschende König Herodes „erschrickt" und die Schriftgelehrten Israels befragt, wo diese Geburt stattgefunden habe. Diese nennen Bethlehem als Geburtsort. Bethlehem gilt als Stadt Davids, dem Gott verheißen hatte, sein Nachkomme werde auf ewig den Thron erben (2 Sam 7,16 EU). Damit schlägt Matthäus den Bogen zum ersten Kapitel, in dem die Abstammung Jesu über Josef auf David zurückgeführt wird (Mt 1,1–17 EU), und zitiert den Propheten Micha (Mi 5,1 EU). Für Herodes ist ein Thronanwärter, der sich auf eine Abstammung von David beruft, gefährlich. Dementsprechend gibt er den Sterndeutern den Auftrag, nachzuforschen, dann zurückzukommen und Bericht zu erstatten, vorgeblich, um ihm selbst huldigen zu können. (Mt 2,8 EU) Die Sterndeuter finden das neugeborene Kind Jesus in Bethlehem, werden aber durch einen Traum davor gewarnt, wieder zu Herodes zu gehen (Mt 2,12 EU). Auch Josef wird in einem Traum von Gott gewarnt und aufgefordert, das Land zu verlassen und mit seiner Frau Maria und dem Kind nach Ägypten zu fliehen (Mt 2,13–15 EU). So entgeht Jesus dem Zorn des Herodes: „Als Herodes merkte, dass ihn die Sterndeuter getäuscht hatten, wurde er sehr zornig und er ließ in Bethlehem und der ganzen Umgebung alle Knaben bis zum Alter von zwei Jahren töten, genau der Zeit entsprechend, die er von den Sterndeutern erfahren hatte." – Mt 2,16 EU Matthäus sieht darin ein Zitat des Propheten Jeremia als erfüllt an: „Damals erfüllte sich, was durch den Propheten Jeremia gesagt worden ist: *Ein Geschrei war in Rama zu hören, lautes Weinen und Klagen: Rahel weinte um ihre Kinder und wollte sich nicht trösten lassen, denn sie waren dahin.*" – Mt 2,17–18 EU; Schätzungen des Ausmaßes: Während die griechische Liturgie 14.000 ermordete Knaben nennt und mittelalterliche Autoren bis zu 144.000 Opfer annahmen, sprachen spätere Theologen (*Joseph Knabenbauer, August Bisping*) aufgrund der anzunehmenden Größe des Ortes Bethlehem zu biblischen Zeiten nur noch von etwa sechs bis zwanzig erschlagenen Kindern. Frühe Rezeption: Ältestes Zeugnis für die Rezeption des biblischen Berichts vom Bethlehemitischen Kindermord ist eine Predigt des Bischofs Optatus von Mileve aus der Zeit um 360. Auch Augustinus († 430) und Caesarius von Arles († 542) rühmen die kindlichen Märtyrer, denen es vergönnt war, nicht nur als Zeugen für Jesus, sondern stellvertretend für ihn zu sterben. Der Codex Egberti (10. Jahrhundert) enthält eine der ältesten bildlichen Darstellungen des Kindermordes. Mögliche Belege für den Kindermord: Matthäus' Geschichte ist in keinem anderen Evangelium zu finden, und auch der jüdische Historiker Josephus erwähnt sie in seinen ca. 94 n. Chr. entstandenen *Jüdischen Altertümern* nicht. Die meisten modernen Herodes-Biographen lehnen die Geschichte als Erfindung ab. Der klassische Historiker Michael Grant erklärte zum Beispiel: „Die Geschichte ist nicht Geschichte, sondern Mythos oder Volkskunde." Neben dem Bericht des Matthäus gibt es jedoch eine wohl unabhängige Überlieferung, die immerhin einen Hinweis auf diesen Kindermord geben könnte. Um 400 n. Chr. zählt nämlich

1. Die Weisen aus dem Morgenland[2]:

1 Da Jesus geboren war zu Bethlehem in Judäa zur Zeit des Königs Herodes, siehe, da kamen Weise aus dem Morgenland nach Jerusalem und sprachen:

2 Wo ist der neugeborene König der Juden? Wir haben seinen Stern aufgehen sehen und sind gekommen, ihn anzubeten.

---

der römische Philosoph Ambrosius Theodosius Macrobius in seiner Schrift *Saturnalia* etliche Bonmots des Kaisers Augustus, darunter eines in der Situation, dass ihm berichtet worden war, Herodes, der König der Juden, habe alle Knaben in Syrien unter dem Alter von zwei Jahren töten lassen. Da Macrobius kein Christ, sondern neuplatonischer Heide war, kann sich sein Bericht über die Äußerung des Augustus kaum auf Matthäus stützen, darf also als eigenständiger Beleg gelten. Das Lukas-Evangelium (2,2 EU) erwähnt, dass Jesus während der ersten römischen Volkszählung in Judäa auf die Welt kam. Die erste nachweisbare Provinzzählung unter Publius Sulpicius Quirinius in der Provinz Judäa fand jedoch erst im Jahr 6 n. Chr. statt, also ein Jahrzehnt nach dem Tod des Herodes. Zu dessen Lebzeiten war Judäa noch nicht Teil der römischen Provinzialordnung. Ähnlichkeiten in der Mythologie: Etliche Exegeten (Ausleger) gehen von einem mythologischen Motiv des Kindermords anlässlich der Ankunft eines heiligen Königs aus. Hierbei werden aber ausschließlich Quellen der im 19. Jahrhundert beliebten germanischen, griechischen sowie indischen Traditionen rezipiert. Der Umgang mit diesen Quellen steht in der neueren Forschungsdiskussion unter starker Kritik.[9] So soll Kamsa, König von Mathura, versucht haben, das Aufwachsen Krishnas zu verhindern, indem er etliche Kinder hinschlachten ließ. Auch dem mythischen König Arthur (Artus) war von Merlin geweissagt, einst würde ihn ein an einem 1. Mai geborenes Kind ablösen. Darum ließ er alle zur fraglichen Zeit geborenen Kinder edler Herkunft, die als Prinzen in Frage kamen, einsammeln und auf ein Schiff verfrachten, das auf hoher See versenkt wurde. Ein weiteres Beispiel bietet die griechische Mythologie: Laios, der König von Theben, will seinen Sohn Ödipus umbringen lassen, um einem Orakelspruch zu entgehen. Wie in solchen Geschichten üblich, nützte weder Arthur noch Laios ein solches Aufbegehren gegen das Schicksal; denn sowohl Mordred im Falle Arthurs als auch Ödipus entkamen glücklich und wurden aufgezogen. Sind die vorgenannten Motive rein phänomenologisch vergleichbar, so könnte ein im Alten Testament berichteter Kindermord als Vorlage gedient haben: Der Pharao ließ alle neugeborenen Knaben der Israeliten töten. Allerdings war hier das Motiv nicht die Ausschaltung eines persönlichen Konkurrenten, sondern die demographische Schwächung eines versklavten Volkes. Damals entging Mose dem Kindermord.

---

[2] Matthäus 2, 1-12 (Die Bibel nach Martin Luthers Übersetzung, revidiert 2017), vgl. https://www.die-bibel.de/bibeln/online-bibeln/lutherbibel-2017/bibeltext/bibel/text/lesen/?tx_bibelmodul_bibletext%5Bscripture%5D=matth%C3%A4us+2

3 Als das der König Herodes hörte, erschrak er und mit ihm ganz Jerusalem,

4 und er ließ zusammenkommen alle Hohenpriester und Schriftgelehrten des Volkes und erforschte von ihnen, wo der Christus geboren werden sollte.

5 Und sie sagten ihm: In Bethlehem in Judäa; denn so steht geschrieben durch den Propheten (Micha 5,1):

6 »Und du, Bethlehem im Lande Juda, bist mitnichten die kleinste unter den Fürsten Judas; denn aus dir wird kommen der Fürst, der mein Volk Israel weiden soll.«

7 Da rief Herodes die Weisen heimlich zu sich und erkundete genau von ihnen, wann der Stern erschienen wäre,

8 und schickte sie nach Bethlehem und sprach: Zieht hin und forscht fleißig nach dem Kindlein; und wenn ihr's findet, so sagt mir's wieder, dass auch ich komme und es anbete.

9 Als sie nun den König gehört hatten, zogen sie hin. Und siehe, der Stern, den sie hatten aufgehen sehen, ging vor ihnen her, bis er über dem Ort stand, wo das Kindlein war.

10 Da sie den Stern sahen, wurden sie hocherfreut

11 und gingen in das Haus und sahen das Kindlein mit Maria, seiner
Mutter, und fielen nieder und beteten es an und taten ihre Schätze auf
und schenkten ihm Gold, Weihrauch und Myrrhe.

12 Und da ihnen im Traum befohlen wurde, nicht wieder zu Herodes
zurückzukehren, zogen sie auf einem andern Weg wieder in ihr Land.

2. Die Flucht nach Ägypten[3]:

13 Als sie aber hinweggezogen waren, siehe, da erschien der Engel des Herrn dem Josef im Traum und sprach: Steh auf, nimm das Kindlein und seine Mutter mit dir und flieh nach Ägypten und bleib dort, bis ich dir's sage; denn Herodes hat vor, das Kindlein zu suchen, um es umzubringen.

14 Da stand er auf und nahm das Kindlein und seine Mutter mit sich bei Nacht und entwich nach Ägypten

15 und blieb dort bis nach dem Tod des Herodes, auf dass erfüllt würde, was der Herr durch den Propheten gesagt hat, der da spricht (Hosea 11,1): »Aus Ägypten habe ich meinen Sohn gerufen.«

---

[3] Matthäus 2, 13-15 (Die Bibel nach Martin Luthers Übersetzung, revidiert 2017), vgl. https://www.die-bibel.de/bibeln/online-bibeln/lutherbibel-2017/bibeltext/bibel/text/lesen/?tx_bibelmodul_bibletext%5Bscripture%5D=matth%C3%A4us+2

3. Der Kindermord des Herodes[4]:

16 Als Herodes nun sah, dass er von den Weisen betrogen war, wurde er sehr zornig und schickte aus und ließ alle Knaben in Bethlehem töten und in der ganzen Gegend, die zweijährig und darunter waren, nach der Zeit, die er von den Weisen genau erkundet hatte.

17 Da wurde erfüllt, was gesagt ist durch den Propheten Jeremia, der da spricht (Jeremia 31,15):

18 »In Rama hat man ein Geschrei gehört, viel Weinen und Wehklagen; Rahel beweinte ihre Kinder und wollte sich nicht trösten lassen, denn es war aus mit ihnen.«

[4] Matthäus 2, 16-18 (Die Bibel nach Martin Luthers Übersetzung, revidiert 2017), vgl. https://www.die-bibel.de/bibeln/online-bibeln/lutherbibel-2017/bibeltext/bibel/text/lesen/?tx_bibelmodul_bibletext%5Bscripture%5D=matth%C3%A4us+2

4. Die Rückkehr aus Ägypten[5]:

19 Als aber Herodes gestorben war, siehe, da erschien der Engel des Herrn dem Josef im Traum in Ägypten

20 und sprach: Steh auf, nimm das Kindlein und seine Mutter mit dir und zieh hin in das Land Israel; sie sind gestorben, die dem Kindlein nach dem Leben getrachtet haben.

21 Da stand er auf und nahm das Kindlein und seine Mutter mit sich und kam in das Land Israel.

22 Als er aber hörte, dass Archelaus in Judäa König war anstatt seines Vaters Herodes, fürchtete er sich, dorthin zu gehen. Und im Traum empfing er einen Befehl und zog ins galiläische Land

23 und kam und wohnte in einer Stadt mit Namen Nazareth, auf dass erfüllt würde, was gesagt ist durch die Propheten: Er soll Nazoräer heißen.

[5] Matthäus 2, 19-23 (Die Bibel nach Martin Luthers Übersetzung, revidiert 2017), vgl. https://www.die-bibel.de/bibeln/online-bibeln/lutherbibel-2017/bibeltext/bibel/text/lesen/?tx_bibelmodul_bibletext%5Bscripture%5D=matth%C3%A4us+2

II. Provokation – Jesus war ein Germane:

„War Jesus ein Germane gewesen?

Diese provokante Frage könnte einen wahren Sturm der Entrüstung in der Welt auslösen, sollte sie sich tatsächlich jemals auch nur teilweise bewahrheiten. Es hieße, dass unsere Geschichte plötzlich in einem ganz anderen Licht erscheinen und die jetzigen Machthaber ein gutes Stück weit entlarven würde.“[6]

„Im Jahre 1922 erschien die erste Fassung des Buches `Atlantis, Edda und Bibel´ von Hermann Wieland, welches die germanische Weltkultur der letzten 200.000 Jahre schildert. Zu den einzelnen späteren erweiterten Auflagen erschien ein separates Vorwort. Im Folgenden möchte ich einmal ein paar Passagen zitieren, und dies erst einmal völlig

[6] „War Jesus ein Germane gewesen“, in: Daniel Prinz, Wenn das die Menschheit wüsste … Wir stehen vor den größten Enthüllungen aller Zeiten! Fichtenau, 3. Aufl. 2019, S. 414.

mit einer wertneutralen Haltung und ohne Vorurteile, um das ich Sie ebenfalls gerne bitte.“ [7]

„Vorliegend hatte ich die dritte Auflage des Buches aus dem Verlag *Roland Faksimile*. Darin heißt es im Vorwort:

`Es war vorauszusehen, dass Frdr. Döllingers Veröffentlichung >Baldur und Bibel< bei Laien und Theologen großes Aufsehen erregen und zur ernsten Prüfung der für die Zukunft des deutschen Volkes höchst wichtigen Fragen der Bibel und des Juden- und arischen Christentums führen würde.´“ [8]

„`Döllinger gelang es als Ersten in jener Schrift den Nachweis zu führen, dass Jesus kein Jude, sondern ein Arier war, dass somit das Christentum aus arisch-germanischer Quelle stammt und dass die vorjüdische und angebliche jüdische Kultur Palästinas eine germanische war und somit der uns Deutschen 2000 Jahre lang eingeflößte Gedanke von dem Auserwählten Heiligen Volke der Juden, von seiner

[7] „War Jesus ein Germane gewesen“, in: Daniel Prinz, Wenn das die Menschheit wüsste … Wir stehen vor den größten Enthüllungen aller Zeiten! Fichtenau, 3. Aufl. 2019, S. 414.
[8] „War Jesus ein Germane gewesen“, in: Daniel Prinz, Wenn das die Menschheit wüsste … Wir stehen vor den größten Enthüllungen aller Zeiten! Fichtenau, 3. Aufl. 2019, S. 414.

Weltmission und seinem hohen Kulturwert als eine grobe Fälschung und als wohlberechtigte Täuschung sich erweist.´“[9]

„`Es blieben für den Bibelgläubigen und Bibelfreund aber noch eine Menge Bibelrätsel zurück, die noch einer Lösung bedürfen. Denn gerade diese – es handelt sich hier insbesondere neben vielen Psalmen um die prophetischen Bücher und die Offenbarung St. Johannis – haben schon Zehntausende deutscher Volksgenossen in religiösen Wahnsinn gestürzt und wurden in den letzten Jahren vom Judentum dazu benützt, durch ein Riesenunternehmen dem bibelgläubigen Volke den Wahngedanken eines kommenden Gottesreiches unter Führung eines jüdischen Messias und seiner jüdischen Helfershelfer einzuflößen. (…)´“[10]

„`Der Leser wird staunend sehen, wie gewissenlose Literaturdiebe und – Fälscher seit 2500 Jahren bestrebt waren, ehrwürdige alte arische Schriften in geschickter Weise umzuändern, um das jüdische Volk zum

---

[9] „War Jesus ein Germane gewesen“, in: Daniel Prinz, Wenn das die Menschheit wüsste … Wir stehen vor den größten Enthüllungen aller Zeiten! Fichtenau, 3. Aufl. 2019, S. 414f.

[10] „War Jesus ein Germane gewesen“, in: Daniel Prinz, Wenn das die Menschheit wüsste … Wir stehen vor den größten Enthüllungen aller Zeiten! Fichtenau, 3. Aufl. 2019, S. 415.

Herrenvolk der Welt und die Germanen zu dessen Knechten zu machen.´“[11]

„`Gleichzeitig wird der Leser sehen, welche gewaltige kulturelle Vergangenheit das in den Kot getretene deutsche Volk hat. Der Vorhang, der absichtlich vor die Vorgeschichte unseres Volkes gehängt wurde, wird weggezogen, und der Blick taucht tief hinab in eine sagenumwobene, ehedem nachtdunkle, nunmehr sonnenhelle und glänzende kulturelle Betätigung des Ariertums in der Vorzeit und erkennt staunend die wundersamen Zusammenhänge von Atlantis, Edda und Bibel und das Ariertum als usprünglichen Schöpfer der Bibel und Kultur.´“[12]

„´Der gegenwärtige Kampf des deutschen Volkes wird in seinem Ergebnis bestimmt durch entscheidende Ideen. Beharrt es auf den ihm durch Juda und Rom eingeflößten internationalen Ideen, so wird es trotz vorübergehender Erfolge verloren sein.´“[13]

---

[11] „War Jesus ein Germane gewesen“, in: Daniel Prinz, Wenn das die Menschheit wüsste … Wir stehen vor den größten Enthüllungen aller Zeiten! Fichtenau, 3. Aufl. 2019, S. 415.
[12] „War Jesus ein Germane gewesen“, in: Daniel Prinz, Wenn das die Menschheit wüsste … Wir stehen vor den größten Enthüllungen aller Zeiten! Fichtenau, 3. Aufl. 2019, S. 415.
[13] „War Jesus ein Germane gewesen“, in: Daniel Prinz, Wenn das die Menschheit wüsste … Wir stehen vor den größten Enthüllungen aller Zeiten! Fichtenau, 3. Aufl. 2019, S. 415.

„`Hält es sich aber an die hier gegebenen Tatsachen und fußt es auf dem wiedergefundenen arischen Christentum und seinen uralten Rassengesetzen, so wird ihm nach einem blutigen Sieg über den Weltenring seiner Feinde ein glänzender Aufstieg beschieden sein.´“[14]

„Im Vorwort zur dritten Auflage erfahren wir zusammenfassend folgende interessante Informationen:

`(...) Ausgesetzt wurde verschiedentlich an dem Werk nur der Umstand, dass die Existenz eines vorgeschichtlichen Atlantis manchem geschichtlich und urkundlich nicht genügend festzustehen schien. Viele sagten, wenn diese erwiesen sei, könne man den Ausführungen des Werkes zustimmen.´“[15]

„`Die neuen Forschungen haben auch diesen letzten möglichen Rest der Befangenheit gegenüber dem Werke beseitigt. Die Astronomen Hanns Hörbiger und Hanns Fischer haben das Vorhandensein des Erdteils Atlantis, seine Vernichtung durch eine Erdkatastrophe (Sintflut) und die

---

[14] „War Jesus ein Germane gewesen“, in: Daniel Prinz, Wenn das die Menschheit wüsste … Wir stehen vor den größten Enthüllungen aller Zeiten! Fichtenau, 3. Aufl. 2019, S. 415.
[15] „War Jesus ein Germane gewesen“, in: Daniel Prinz, Wenn das die Menschheit wüsste … Wir stehen vor den größten Enthüllungen aller Zeiten! Fichtenau, 3. Aufl. 2019, S. 415.

hohe Kultur der Atlantisbewohner wissenschaftlich einwandfrei bewiesen.´“[16]

„`Hiezu kam 1923/24 wie gerufen die Entzifferung der rätselhaften, nach dem Urteil von Astronomen bis zu 200.000 Jahre alten schwedischen Felsbilderschriften, den ältesten Urkunden des Menschengeschlechtes überhaupt, durch Fr. v. Wendrin in Berlin. Nach diesen Bilderschriften steht fest, dass Germanen schon vor rund 200.000 Jahren als kühne Seefahrer die Weltmeere befuhren und in anderen Weltteilen Kolonien anlegten. (…)´“[17]

„`Durch die Heranziehung der Forschungen von Hörbiger, Fischer und M. Valier ist das Werk auf eine unanfechtbare Grundlage gestellt. Die schwedischen Felsbilderschriften bringen eine Bestätigung.´“[18]

„`Endlich zeigt die 3. Auflage ganz neue Gesichtspunkte in der Frage der Person des geschichtlichen Jesus, Gesichtspunkte, die von jedem

---

[16] „War Jesus ein Germane gewesen“, in: Daniel Prinz, Wenn das die Menschheit wüsste … Wir stehen vor den größten Enthüllungen aller Zeiten! Fichtenau, 3. Aufl. 2019, S. 415.
[17] „War Jesus ein Germane gewesen“, in: Daniel Prinz, Wenn das die Menschheit wüsste … Wir stehen vor den größten Enthüllungen aller Zeiten! Fichtenau, 3. Aufl. 2019, S. 415.
[18] „War Jesus ein Germane gewesen“, in: Daniel Prinz, Wenn das die Menschheit wüsste … Wir stehen vor den größten Enthüllungen aller Zeiten! Fichtenau, 3. Aufl. 2019, S. 416.

ernsten Wissenschaftler gewürdigt werden müssen, wenn unsere Untersuchungen zu dem Ergebnis kommen: Jesus war ein Germane und zwar ein vorgeschichtlicher Germanenkönig, so mag die ganze Welt freilich staunend aufhorchen und auf das viel verlästerte Deutschland blicken, das in Wirklichkeit den Heiland der Welt geboren hat.´"[19]

„`Wir Deutschen aber wollen in ehrfürchtiger Bescheidenheit und inniger Verehrung unseres großen Ahnen gedenken, der – uns zum Heile gesandt – der Weltkultur Ziel und Richtung gab bis auf unsere Tage.´"[20]

„`Die rechte geschichtliche Erkenntnis bezüglich seiner Person wird uns soll uns nicht abwenden vom Christentum, sondern erst recht hinführen zu ihm, freilich zu einem reinen, entjudeten Christentum, das nicht wie das vom Judentum verfälschte Kirchen- und Dogmenchristentum >neben< unserem Leben äußerlich einhergeht, sondern das ganze Sein des Menschen erfasst und ihn und den Staat von Grund auf ändert.´"[21]

---

[19] „War Jesus ein Germane gewesen", in: Daniel Prinz, Wenn das die Menschheit wüsste … Wir stehen vor den größten Enthüllungen aller Zeiten! Fichtenau, 3. Aufl. 2019, S. 416.
[20] „War Jesus ein Germane gewesen", in: Daniel Prinz, Wenn das die Menschheit wüsste … Wir stehen vor den größten Enthüllungen aller Zeiten! Fichtenau, 3. Aufl. 2019, S. 416.
[21] „War Jesus ein Germane gewesen", in: Daniel Prinz, Wenn das die Menschheit wüsste … Wir stehen vor den größten Enthüllungen aller Zeiten! Fichtenau, 3. Aufl. 2019, S. 416.

„`Man darf wohl sagen, dass die neuen Entdeckungen dieser Auflage allmählich zu einer erfreulichen Änderung unseres religiösen, bürgerlichen und staatlichen Lebens führen müssen. Der wahre Jesus wird in Wahrheit unser Führer auf Erden und zur Ewigkeit werden.´"[22]

„`Die historischen Untersuchungen dieses Werkes sind, soweit sie eine der anerkannten Religionsgesellschaften berühren, nicht dazu bestimmt, diese irgendwie anzugreifen oder herabzusetzen, sie dienen vielmehr lediglich der Erforschung der Wahrheit und damit der geistigen Befreiung unseres Volkes von tausendjährigen schädlichen Irrtümern und von den weittragenden Folgen kecker Geschichtsfälschungen.´"[23]

„`Durch Geschichtsfälschung und Geschichtslügen wurde das deutsche Volk seit 1500 Jahren am Kulturaufstieg gehindert und zur Sklaverei einer internationalen Verbrechergesellschaft gemacht. – Die Enthüllungen der Wahrheit sollen in ihm die geistige Spannkraft und das

[22] „War Jesus ein Germane gewesen", in: Daniel Prinz, Wenn das die Menschheit wüsste ... Wir stehen vor den größten Enthüllungen aller Zeiten! Fichtenau, 3. Aufl. 2019, S. 416.
[23] „War Jesus ein Germane gewesen", in: Daniel Prinz, Wenn das die Menschheit wüsste ... Wir stehen vor den größten Enthüllungen aller Zeiten! Fichtenau, 3. Aufl. 2019, S. 416.

zerstörte rassische Selbstbewusstsein wecken und ihm die Freiheit bringen. (…)´“[24]

„Gehen wir dem noch etwas weiter auf den Grund. So heißt es auf den Seiten 3 bis 5 in dem Buch u.a.:

`Die Bibel erzählt uns von einem >heiligen, auserwählten Volke<. Können das wirklich die Hebräer sein, dieses grausame und blutgierige Volk, das nach dem Zeugnis der Bibel massenhaft Kinder opferte, Menschenfresserei trieb und alle Völker der Erde ausplünderte? Konnte Gott wirklich dieses verworfene Volk dazu ausersehen, den Gottessohn als Heiland der Welt hervorzubringen und den Völkern das Heil zu bringen? Liegt hier nicht grobe Geschichtsfälschung durch das Judentum vor?´ (…)“[25]

„`Die Bibel spricht von einer heiligen Stadt Gottes mitten im Meere (…), >an den vielen Wassern<, >zwischen zwei Meeren<, >bei den vielen Inseln im Meere<, >mit dem werten Berg Gottes zwischen zwei Meeren<, >mit den Grenzen mitten im Meere<, >mit dem Thron Gottes

---

[24] „War Jesus ein Germane gewesen“, in: Daniel Prinz, Wenn das die Menschheit wüsste … Wir stehen vor den größten Enthüllungen aller Zeiten! Fichtenau, 3. Aufl. 2019, S. 416.
[25] „War Jesus ein Germane gewesen“, in: Daniel Prinz, Wenn das die Menschheit wüsste … Wir stehen vor den größten Enthüllungen aller Zeiten! Fichtenau, 3. Aufl. 2019, S. 416.

mitten im Meere< (…). Kann denn damit Jerusalem gemeint sein? Niemals! Welche Stadt denn dann?´“[26]

„`Liegt hier eine Fälschung uralter Berichte vor? Sicherlich! Dann ist aber auch vieles andere in der Bibel, vielleicht das meiste, und die Hauptsache gefälscht! War die heilige Stadt Gottes zwischen zwei Meeren vielleicht die höchst merkwürdige, sagenhafte Hauptstadt des versunkenen Atlantis, d. i. der versunkenen atlantischen Insel >Atlantis<, mit der sich seit Jahrhunderten eine Reihe von Gelehrten beschäftigt? Ist dieses Atlantis etwas das Paradies der Bibel? (…)´“[27]

„`Wenn nun das uns gelehrte Christentum historisch nicht haltbar ist und die römische Kirche tatsächlich nur eine Fortsetzung aztekisch-buddhistisch-hebräischen Heidentums wäre, sind denn dann nicht im Namen eines gefälschten Christentums von Karl dem Großen an bis in die Gegenwart herein ungeheure Verbrechen an unserem Volke und am Germanentum begangen worden? Ist dann nicht die Spaltung der

---

[26] „War Jesus ein Germane gewesen“, in: Daniel Prinz, Wenn das die Menschheit wüsste … Wir stehen vor den größten Enthüllungen aller Zeiten! Fichtenau, 3. Aufl. 2019, S. 416.

[27] „War Jesus ein Germane gewesen“, in: Daniel Prinz, Wenn das die Menschheit wüsste … Wir stehen vor den größten Enthüllungen aller Zeiten! Fichtenau, 3. Aufl. 2019, S. 416f.

Germanen in Konfessionen und deren gegenseitige Bekämpfung ein Wahnsinn?´“[28]

„`Und wie erklärt sich die höchst merkwürdige Tatsache, dass die Evangelien Buddhas dem Evangelium Christi so ähnlich sind, oft fast im Wortlaut gleich, obwohl sie etwa 500 Jahre älter sind? Welche Evangelien sind die ursprünglichen? Hat Jesus von Buddha entlehnt oder dieser von einem Jesus, der vor ihm lebte in altersgrauer Zeit? Warum stimmt die Lebensgeschichte Buddhas mit der Jesu so auffallend überein?´“[29]

„Auf den Seiten 17 und 24 schreibt Wieland dann:

`Hier in Atlantis, dessen Name heute noch der Atlantische Ozean und das Atlasgebirge und mexikanische Städte (Aztlan) tragen, konnte sich infolge der genannten Bedingungen jene großartige vorgeschichtliche germanische Weltkultur entwickeln, vor der alle alten Sagen und Geschichten, auch Edda und Bibel sprachen und von der wir noch Reste haben. Hier entstanden zum Teil jene uralten Geschichtsberichte, die in

[28] „War Jesus ein Germane gewesen“, in: Daniel Prinz, Wenn das die Menschheit wüsste … Wir stehen vor den größten Enthüllungen aller Zeiten! Fichtenau, 3. Aufl. 2019, S. 417.
[29] „War Jesus ein Germane gewesen“, in: Daniel Prinz, Wenn das die Menschheit wüsste … Wir stehen vor den größten Enthüllungen aller Zeiten! Fichtenau, 3. Aufl. 2019, S. 417.

alle Priesterbüchereien der alten Kulturvölker gelangten und dann auch von den jüdischen Machern der Bibel zur Herstellung derselben benützt wurden.´“[30]

„`Die Germanen brachten den farbigen Rassen (…) nicht nur Kultur, sondern, wie die Edda sagt, auch ihre Sprache. Die älteste Kultursprache der Welt ist deutsch (germanisch). Alle Sprachen haben von ihr entlehnt.´“[31]

„`Es kann daher nicht überraschen, wenn uns in den ehemaligen Siedlungsgebieten der Germanen nordisch klingende Namen und Wörter entgegenklingen (…)´“[32]

„`Es ist auch ganz natürlich, dass die Auswanderer ihre uralten Sitten und Gebräuche in die neue Heimat verpflanzten. So finden wir in Atlantis auch Asen-Könige, >heilige Berge< und uralte germanische

---

[30] „War Jesus ein Germane gewesen“, in: Daniel Prinz, Wenn das die Menschheit wüsste … Wir stehen vor den größten Enthüllungen aller Zeiten! Fichtenau, 3. Aufl. 2019, S. 417.
[31] „War Jesus ein Germane gewesen“, in: Daniel Prinz, Wenn das die Menschheit wüsste … Wir stehen vor den größten Enthüllungen aller Zeiten! Fichtenau, 3. Aufl. 2019, S. 417.
[32] „War Jesus ein Germane gewesen“, in: Daniel Prinz, Wenn das die Menschheit wüsste … Wir stehen vor den größten Enthüllungen aller Zeiten! Fichtenau, 3. Aufl. 2019, S. 417.

Kultusgebräuche, die freilich, wie wir sehen werden, von den Niederrassigen ins Abscheuliche verzerrt wurden.´“[33]

„Auf den Seiten 33 und 34 wird es spannender:

`Ein Wappenzeichen der Germanen war auch das Lamm, das Sinnbild der Gutmütigkeit und Unschuld (>geduldig wie ein Schaf, das zur Schlachtbank geführt wird, und still wie ein Lamm vor seinem Scherer<). Das Sinnbild Lamm passt heute noch ausgezeichnet auf die Deutschen.´“[34]

„`Mit den Schafen und Lämmern aus dem Hause Israel sind Germanen (Kelien = Thelden = Helden) gemeint. Jesus will die verlorenen Schafe Israels wieder zusammenbringen, d. h. sie in einem Reiche wieder vereinigen.´“[35]

[33] „War Jesus ein Germane gewesen“, in: Daniel Prinz, Wenn das die Menschheit wüsste … Wir stehen vor den größten Enthüllungen aller Zeiten! Fichtenau, 3. Aufl. 2019, S. 417.
[34] „War Jesus ein Germane gewesen“, in: Daniel Prinz, Wenn das die Menschheit wüsste … Wir stehen vor den größten Enthüllungen aller Zeiten! Fichtenau, 3. Aufl. 2019, S. 417.
[35] „War Jesus ein Germane gewesen“, in: Daniel Prinz, Wenn das die Menschheit wüsste … Wir stehen vor den größten Enthüllungen aller Zeiten! Fichtenau, 3. Aufl. 2019, S. 417.

*„`**Der Name Israel ist ein urgermanischer Name für germanische Stämme** und findet sich schon lange vor den Juden in Palästina (Gebirge Palästina), von ausgewanderten Germanenstämmen dorthin gebracht.´“*[36]

„`Die Hebräer haben diesen Namen sich angeeignet, um als Höherrassige, als Heilige Gottes und Träger der Verheißung zu gelten. ***Die zwölf Geschlechter Israels waren zwölf Germanenstämme, keine Hebräer.´“***[37]

„`Nicht nur im Totem (Malzeichen) unterschieden sich die Völker voneinander, sondern auch durch die Kleidung. Die Heiligen Gottes (Germanen) trugen zur Unterscheidung von den Anhängern des großen Tieres des Niederrassentums weiße Kleider (Off. Joh. 7 u. 19).´“[38]

„`Weiß ist die Farbe der Unschuld, der Gerechtigkeit, der Reinheit, rot die Farbe des Niederrassentums. Heute noch bevorzugt der Germane

---

[36] „War Jesus ein Germane gewesen“, in: Daniel Prinz, Wenn das die Menschheit wüsste … Wir stehen vor den größten Enthüllungen aller Zeiten! Fichtenau, 3. Aufl. 2019, S. 417.

[37] „War Jesus ein Germane gewesen“, in: Daniel Prinz, Wenn das die Menschheit wüsste … Wir stehen vor den größten Enthüllungen aller Zeiten! Fichtenau, 3. Aufl. 2019, S. 417.

[38] „War Jesus ein Germane gewesen“, in: Daniel Prinz, Wenn das die Menschheit wüsste … Wir stehen vor den größten Enthüllungen aller Zeiten! Fichtenau, 3. Aufl. 2019, S. 417f.

die lichten Farben des Himmels: weiß, blau, gold; der Niederrassige die dunklen Farben, insbesondere rot (…).´"[39]

„Auf Seite 41 findet sich eine Information zur ur-christlichen Taufe:

*`Da man der Urquelle [*auf Atlantis, A.d.V.*] heilende und verjüngende Wirkung zuschrieb, pflegte man darin die neugeborenen Kinder zu waschen. Daraus entwickelte sich auf Atlantis die schöne, sinnige, bei allen Ariern verbreitete Sitte des Taufens.´"*[40]

„`Auch die germanische Urzeit pflegte den schönen Brauch bis zur Einführung des Christentums. Die Edda erwähnt ihn im Rigsmal: >Genetzt ward das Kind und … geheißen.<´"[41]

„Und auf Seite 53:

`Die atlantische Sitte des siebenarmigen Leuchters wurde von der jüdischen Priesterhierarchie in Jerusalem wie manches andere

---

[39] „War Jesus ein Germane gewesen", in: Daniel Prinz, Wenn das die Menschheit wüsste … Wir stehen vor den größten Enthüllungen aller Zeiten! Fichtenau, 3. Aufl. 2019, S. 418.
[40] „War Jesus ein Germane gewesen", in: Daniel Prinz, Wenn das die Menschheit wüsste … Wir stehen vor den größten Enthüllungen aller Zeiten! Fichtenau, 3. Aufl. 2019, S. 418.
[41] „War Jesus ein Germane gewesen", in: Daniel Prinz, Wenn das die Menschheit wüsste … Wir stehen vor den größten Enthüllungen aller Zeiten! Fichtenau, 3. Aufl. 2019, S. 418.

übernommen, nachdem sie in Babel die uralten Berichte über den prachtvollen Tempel auf Atlantis gelesen hatten.´“[42]

„Ich weiß, das ist schon harter Tobak. Aber was, wenn auch nur die Hälfte davon, was Wieland schrieb, der Wahrheit entspricht? Würde es denn nicht den unsäglichen Hass und den Vernichtungswahn gegen die Deutschen und nordischen Völker erklären?“ [43]

„Völlig berechtigt muss man sich fragen, ob denn Juden einen von ihren (Jesus) tatsächlich an die Römer verraten und ihn somit dem Tode überführt hätten?´“ [44]

„`Wer sind denn die stärksten Kräfte im Hintergrund des Weltgeschehens? Nicht etwa zufällig die Römer (Vatikan / Jesuiten) und die Kabale?“ [45]

---

[42] „War Jesus ein Germane gewesen“, in: Daniel Prinz, Wenn das die Menschheit wüsste … Wir stehen vor den größten Enthüllungen aller Zeiten! Fichtenau, 3. Aufl. 2019, S. 418.
[43] „War Jesus ein Germane gewesen“, in: Daniel Prinz, Wenn das die Menschheit wüsste … Wir stehen vor den größten Enthüllungen aller Zeiten! Fichtenau, 3. Aufl. 2019, S. 418.
[44] „War Jesus ein Germane gewesen“, in: Daniel Prinz, Wenn das die Menschheit wüsste … Wir stehen vor den größten Enthüllungen aller Zeiten! Fichtenau, 3. Aufl. 2019, S. 418.
[45] „War Jesus ein Germane gewesen“, in: Daniel Prinz, Wenn das die Menschheit wüsste … Wir stehen vor den größten Enthüllungen aller Zeiten! Fichtenau, 3. Aufl. 2019, S. 418.

„Wielands Ausführungen decken sich in großen Teilen mit denen von Blavatsky. Der Übergang von einem Zeitalter zum anderen führte zum Untergang von Atlantis und brachte die neue Epoche der Arier hervor.“ [46]

„Im höchsten Maße brisant wäre es, wenn sich tatsächlich irgendwann bewahrheiten sollte, dass es sich bei den 12 Stämmen Israels um germanische Stämme handeln würde und nicht um jüdische.“ [47]

„Man stelle sich nur das weltpolitische Ausmaß einmal vor. Mindestens die mosaischen Religionen würden umgehend buchstäblich wie ein Kartenhaus in sich zusammenfallen.“ [48]

„Ich kann an dieser Stelle natürlich nicht mit Sicherheit sagen, dass Jesus Germane war. Was, wenn er zur Hälfte germanische und zur Hälfte hebräische Wurzeln hatte? Nur mal theoretisch angenommen. Selbst in solche einem Falle wäre es keine Überraschung, wenn die

---

[46] „War Jesus ein Germane gewesen“, in: Daniel Prinz, Wenn das die Menschheit wüsste … Wir stehen vor den größten Enthüllungen aller Zeiten! Fichtenau, 3. Aufl. 2019, S. 418.
[47] „War Jesus ein Germane gewesen“, in: Daniel Prinz, Wenn das die Menschheit wüsste … Wir stehen vor den größten Enthüllungen aller Zeiten! Fichtenau, 3. Aufl. 2019, S. 418.
[48] „War Jesus ein Germane gewesen“, in: Daniel Prinz, Wenn das die Menschheit wüsste … Wir stehen vor den größten Enthüllungen aller Zeiten! Fichtenau, 3. Aufl. 2019, S. 418.

Juden einen >Mischling< bzw. nach ihrer Meinung nicht reinrassigen Juden geopfert hätten.“ [49]

„Könnte es dann auch diesen radikalen Clinch gerade zwischen Deutschen und Juden erklären?“

„Die nachfolgenden Informationen könnten Wielands Forschungen jedenfalls zusätzliches Gewicht verleihen …“[50]

---

[49] „War Jesus ein Germane gewesen“, in: Daniel Prinz, Wenn das die Menschheit wüsste … Wir stehen vor den größten Enthüllungen aller Zeiten! Fichtenau, 3. Aufl. 2019, S. 418.
[50] „War Jesus ein Germane gewesen“, in: Daniel Prinz, Wenn das die Menschheit wüsste … Wir stehen vor den größten Enthüllungen aller Zeiten! Fichtenau, 3. Aufl. 2019, S. 418.

III. Brisanz – Die Blutlinie Jesu:

„Im sogenannten Thomas-Evangelium, dem `Verlorenen Evangelium´, wird enthüllt, dass Jesus Maria Magdalena geheiratet und dass die beiden sogar Kinder hatten, die Zwillingssöhne Manasseh und Ephraim.“ [51]

„Viele Jahre lang befand sich dieses 29 Kapitel lange und sehr wertvolle Manuskript im *Britischen Museum*, welches es 1847 von dem ägyptischen *St. Macarius Kloster* erhalten haben soll.“ [52]

„Vor gut 20 Jahren hat die *British Library* es dem Museum abgekauft und verwahrt dieses einst verschollene Schriftwerk, welches nahezu 1.500 Jahre alt ist.“ [53]

---

[51] „Das verlorene Evangelium und sein brisanter Inhalt“, in: Daniel Prinz, Wenn das die Menschheit wüsste ... Wir stehen vor den größten Enthüllungen aller Zeiten! Fichtenau, 3. Aufl. 2019, S. 418.
[52] „Das verlorene Evangelium und sein brisanter Inhalt“, in: Daniel Prinz, Wenn das die Menschheit wüsste ... Wir stehen vor den größten Enthüllungen aller Zeiten! Fichtenau, 3. Aufl. 2019, S. 418.
[53] „Das verlorene Evangelium und sein brisanter Inhalt“, in: Daniel Prinz, Wenn das die Menschheit wüsste ... Wir stehen vor den größten Enthüllungen aller Zeiten! Fichtenau, 3. Aufl. 2019, S. 418.

„Forschungen seitens des Professors Barrie Wilson von der kanadischen *York Universität* sowie des israelisch-kanadischen Filmemachers Simcha Jacobovici kommen zu dem Ergebnis, dass es sich bei diesem Evangelium um ein Original handeln muss.“ [54]

„Weitere sehr interessante Details dazu fasste der Autor Jonathan Dilas auf *huffingtonpost.de* zusammen:

`(…) Mehr noch wird behauptet und dies hat zusätzlich die Kirche auf die Barrikaden getrieben: Mit Jungfrau Maria war nicht die Mutter Jesu gemeint, sondern Maria Magdalena! (…)´“[55]

„`Laut Professor Wilson und Jacobovici zeigt es Hinweise, dass die Charaktere Joseph und Aseneth aus dem Alten Testament höchstwahrscheinlich eine Cover-Story für Jesus und Maria Magdalena waren. (…)´“[56]

---

[54] „Das verlorene Evangelium und sein brisanter Inhalt“, in: Daniel Prinz, Wenn das die Menschheit wüsste … Wir stehen vor den größten Enthüllungen aller Zeiten! Fichtenau, 3. Aufl. 2019, S. 418f.

[55] „Das verlorene Evangelium und sein brisanter Inhalt“, in: Daniel Prinz, Wenn das die Menschheit wüsste … Wir stehen vor den größten Enthüllungen aller Zeiten! Fichtenau, 3. Aufl. 2019, S. 419.

[56] „Das verlorene Evangelium und sein brisanter Inhalt“, in: Daniel Prinz, Wenn das die Menschheit wüsste … Wir stehen vor den größten Enthüllungen aller Zeiten! Fichtenau, 3. Aufl. 2019, S. 419.

„`Es wird vermutet, dass im Jahre 325 n.Chr. eine Gruppe von Christen Jesu Hochzeit mit Maria verschleiern wollten und kodierten diese mit den Namen Joseph und Aseneth[57]*.´“*[58]

---

[57] Vgl. https://de.wikipedia.org/wiki/Josef_und_Asenat: „Josef und Asenat Die Schrift Josef und Asenat (auch: *Joseph und Asenath*) ist eine zu den Pseudepigraphen zu rechnende antike jüdische Doppelnovelle oder Roman. Hauptperson ist die Ägypterin Asenat, die Gen 41,45 EU als Ehefrau des Erzvaters Josef nennt. Geschichte von Asenats Buße (Kapitel 1–21): Asenat ist die schöne Tochter des Hohepriesters von On und lebt mit ihren sieben Jungfrauen, die am selben Tag geboren sind wie sie, abgeschieden und keusch im Haus ihrer Eltern. Die Handlung setzt ein am „fünften Tag des zweiten Monats, im ersten Jahr der sieben fetten Jahre“ (1,1), als Josef, nach seiner Traumdeutung zum zweiten Mann nach dem Pharao geworden, nach On kommt. Asenats Vater beschließt ihm seine Tochter zur Frau zu geben. Asenat, die bereits den ältesten Sohn des Pharao abgewiesen hat, verwahrt sich zunächst gegen die Ehe mit einem hebräischen Hirten, doch als sie Josef sieht, verliebt sie sich in den „Gottessohn“ (6,2). Doch Josef, ebenso jungfräulich wie Asenat, will sie nur als seine Schwester ansehen. Als sie kommt, um den neuen „Bruder“ zu begrüßen, weigert er sich, sie, eine unreine Heidin, zu küssen, segnet sie aber (Kap. 8) und kündet seine Rückkehr in einer Woche an. Asenat zieht sich in ihre Wohnung zurück. Sie zerschlägt ihre Götzen und wirft deren kostbares Material aus dem Fenster den Armen zu. Dann legt sie Trauerkleider an und streut Asche auf ihr Haupt, fastet sieben Tage lang und bittet den Einen Gott Israels um seine Gnade. Auf ihr langes Gebet (Kap. 12–13) hin erscheint ihr der Erzengel Michael in Josefs Gestalt. Er beauftragt sie, die Trauerkleidung durch ein weißes Gewand zu ersetzen. Als sie zurückkommt, lobt er sie für ihre Buße, verkündet ihr Gottes Vergebung und gibt ihr einen neuen Namen: *Zufluchtsstadt* (15,7). Darauf teilt er mit ihr eine Honigwabe, die sich durch ein Wunder in ihrer Vorratskammer findet (Kap. 14–17). Durch den Genuss dieses paradiesischen Honigs wird sie mit Unsterblichkeit gesegnet (16,14–16). Sodann lässt der Erzengel aus der Wabe Bienen entstehen, die sich auf Asenat niederlassen. Michael entlässt die Bienen und verbrennt die Wabe. Ehe er mit einem feurigen Wagen gen Himmel fährt, segnet er auch ihre sieben Freundinnen. Asenat legt auf die Anweisung des Engels hin bräutlichen Schmuck an. Als Josef zurückkehrt, verloben sie sich. „Und Joseph küßte Asenath und er verlieh ihr Lebensgeist. Dann gab er ihr zum zweiten auch der Weisheit Geist. Zum dritten küßte er sie zärtlich und schenkte ihr den Geist der Wahrheit.“ (19,11) Der Pharao richtet ihnen die Hochzeit aus. Geschichte von der Rettung Asenats (Kapitel 22–29): Der zweite Teil der Erzählung spielt einige Jahre später, „im zweiten Hungerjahr, am einundzwanzigsten des zweiten Monats“ (22,2). Asenat hat inzwischen zwei Söhne bekommen, als Josefs Familie auf der Flucht vor der Hungersnot nach Ägypten kommt. Während Asenat Josefs Vater Jakob und seine Brüder begrüßt, sieht sie der einst abgewiesene Pharaosohn. Er versucht Josefs Brüder Simeon und Levi zu bestechen, um sich an Josef zu rächen und Asenat doch noch zu gewinnen, doch Simeon und Levi drohen ihm an, Josef zu rächen, wie sie die Einwohner von Sichem als Rache für die Vergewaltigung ihrer Schwester Dina ausrotteten (Kap. 23). Der Sohn des Pharao bringt daraufhin vier andere Halbbrüder von Josef, die Söhne der Nebenfrauen von Jakob, auf seine Seite (Kap. 24).

Doch der Prophet Levi sieht im Geist die Gefahr, die Asenat droht, und eilt ihr mit den übrigen Brüdern zur Hilfe – während Josef sich der Kornverteilung widmet. Während der folgenden Schlacht schlagen die sechs Brüder allein 2706 Feinde (27,6). Dem Jüngsten, Josefs als gottesfürchtigem Helden beschriebenen Vollbruder Benjamin, gelingt der entscheidende Steinwurf, der den Pharaosohn außer Gefecht setzt. Auf Asenats Gebet hin werden auch die feindlichen Brüder entwaffnet. Anschließend versöhnt sie die Brüder wieder miteinander (Kap. 28) und bringt sie dazu, auch dem Pharaosohn zu vergeben. Dieser stirbt jedoch an seiner Verletzung und der Pharao setzt Josef an seiner Statt als Alleinherrscher ein. Am Ende seines Lebens übergibt Josef die Regierung dem jüngeren Sohn des Pharao (Kap. 29). Überlieferung: Den Titel *Josef und Asenat* trägt die Geschichte erst seit dem 19. Jahrhundert. Die älteste Fassung der Erzählung mit dem Titel *Die Geschichte von Josef dem Gerechten und seiner Frau Asenat* ist altsyrisch und stammt aus dem 6. Jahrhundert. Insgesamt ist die Geschichte unter verschiedenen, meist sehr ausführlichen Überschriften in 16 griechischen Handschriften aus dem 10. bis 19. Jahrhundert sowie sieben Übersetzungen aus dem 6. bis 18. Jahrhundert, darunter je eine lateinische, armenische und mittelenglische, überliefert. Dabei gibt es eine lange und eine kurze Fassung, von denen keine eindeutig als die ältere identifiziert werden kann. Eine diesen Handschriften zugrundeliegender griechische Grundschrift könnte aus dem 4. Jahrhundert stammen. Der Verfasser ist nicht bekannt. Der erste Herausgeber, Pierre Batiffol, hielt *Josef und Asenat* für ein christliches Werk des 4. Jahrhunderts, wofür zahlreiche Motive sprechen könnten, etwa die Erwähnung von Lebensbrot, geweihtem Kelch und heiligem Salböl (8,5; 15,5; 19,5) oder das Kreuzzeichen, das der Engel in einigen Manuskripten, darunter dem ältesten syrischen, über die Honigwabe zeichnet. Heutige Forscher vermuten zumeist eine jüdische Herkunft. Das Milieu noch näher zu bestimmen fällt schwer. Eine Datierung ins erste Jahrhundert wird als wahrscheinlich angesehen. Das Vokabular ist stark von der Septuaginta geprägt. Theologie und Umfeld: *Josef und Asenat* setzt die Kenntnis der biblischen *Josephsgeschichte* (Gen 37,ff EU) voraus. Die Novelle erklärt, weshalb der Erzvater Josef, ein frommer Sohn von Jakob-Israel, entgegen den später von Esra und Nehemia formulierten Vorschriften eine Heidin und dazu noch die Tochter eines Götzenpriesters heiraten konnte. Asenat wird damit zum Prototyp eines Proselyten. Dazu passt ihr neuer Name, *Zufluchtsstadt*, den viele Völker sollen in ihr zu Gott Zuflucht nehmen. Es ist einer von wenigen Texte dieser Zeit, die eine Frau zur Hauptperson haben. Josef, obwohl als „Sohn Gottes", fromm und weise in den höchsten Tönen gepriesen, erscheint eher als passive Nebenperson. Ausführlich wird ihre Schönheit – *Asenat glich keinesfalls ägyptischen Jungfrauen; sie glich vielmehr den Töchtern der Hebräer allenthalben; sie war so schlank wie Sara, so blühend wie Rebekka, so schön wie Rachel.* (1,5) – beschrieben, sowie ihr gesamtes Umfeld. Diese Beschreibung bezeugt nicht nur eine Freude an der Ausschmückung der knappen biblischen Grundlage, sondern ist zudem stark symbolisch geprägt. So erinnert die Schilderung von Asenats Wohnung (Kap. 2) an die Beschreibung, die Philon von Alexandria von dem menschlichen Körper, dem Haus der Seele gibt. Asenat wird daher wie die Erzmütter bei Philon als Allegorie für die Seele verstanden. Auch an anderen Stellen, beispielsweise bei Josefs Segen oder wenn der Engel die reine Jungfrau als einem Mann gleichstehend anspricht (15,1), gibt es starke Anklänge an Philon, was zur Zuordnung der Schrift zum hellenistischen Judentum spricht, möglicherweise in der ägyptischen Diaspora. Die Betonung von Gottesfurcht, Keuschheit, Reue und Feindesliebe könnte auch auf eine Entstehung im Umfeld der Essener hinweisen. Besonders mysteriös erscheint die Bienenszene (Kap. 16),

„`Zu jener Zeit war der römische Herrscher Konstantin an der Macht und verlangte, dass sämtliche Evangelien verbrannt werden sollten, ausgenommen jene von Matthäus, Markus, Lukas und Johannes, damit diese Kollektion wieder in die christliche Sichtweise Konstantins passte.´“ [59]

„`Seit dieser Zeit galten die anderen Evangelien als vernichtet, aber dennoch tauchten immer irgendwo Kopien oder Überbleibsel auf, die in akribischer Handarbeit wiederaufbereitet und weitergegeben wurden. Man wollte das damalige Wissen nicht völlig untergehen lassen, auch wenn dies Konstantin untersagt hatte.´“[60]

„Wilson und Jacobovici sind sich sicher, dass sie damit ein fehlendes Puzzlestück in der christlichen Geschichte entdeckt haben. Josef wurde

---

die an eine Initiation in einem antiken Mysterienkult denken lässt. Möglicherweise ist es eine christliche Ergänzung. Die Novelle zeigt zahlreiche Übereinstimmungen zu den hellenistischen *Testamenten der zwölf Patriarchen*. Auch dort werden Josefs Keuschheit und Bruderliebe herausgehoben, während seine Halbbrüder, die Söhne der Mägde Bilha und Silpa, negativ beurteilt werden.

[58] „Das verlorene Evangelium und sein brisanter Inhalt“, in: Daniel Prinz, Wenn das die Menschheit wüsste … Wir stehen vor den größten Enthüllungen aller Zeiten! Fichtenau, 3. Aufl. 2019, S. 419.

[59] „Das verlorene Evangelium und sein brisanter Inhalt“, in: Daniel Prinz, Wenn das die Menschheit wüsste … Wir stehen vor den größten Enthüllungen aller Zeiten! Fichtenau, 3. Aufl. 2019, S. 419.

[60] „Das verlorene Evangelium und sein brisanter Inhalt“, in: Daniel Prinz, Wenn das die Menschheit wüsste … Wir stehen vor den größten Enthüllungen aller Zeiten! Fichtenau, 3. Aufl. 2019, S. 419.

oftmals als >Sohn Gottes< bezeichnet und in der frühen syrischen Geschichte tauchte er auf denselben Symbolen wie Jesus auf.´"[61]

„*`Im Weiteren, so haben die beiden Forscher herausgefunden, habe Leonardo da Vinci frechweg Jesus und Marias Kinder in sein großes Werk >Das letzte Abendmahl< eingefügt.´"*[62]

„Ist das nicht ziemlich spannend und faszinierend? Einen weiteren Beweis führt Prof. Wilson an, dass es Maria war, die den Körper von Jesus nach der Kreuzigung gewaschen hat. Zur damaligen Zeit war es aber Brauch, dass die Leichname von Männern gewaschen wurden und nicht von Frauen, außer es war die Ehefrau des Verstorbenen." [63]

---

[61] „Das verlorene Evangelium und sein brisanter Inhalt", in: Daniel Prinz, Wenn das die Menschheit wüsste ... Wir stehen vor den größten Enthüllungen aller Zeiten! Fichtenau, 3. Aufl. 2019, S. 419.

[62] „Das verlorene Evangelium und sein brisanter Inhalt", in: Daniel Prinz, Wenn das die Menschheit wüsste ... Wir stehen vor den größten Enthüllungen aller Zeiten! Fichtenau, 3. Aufl. 2019, S. 419.

[63] „Das verlorene Evangelium und sein brisanter Inhalt", in: Daniel Prinz, Wenn das die Menschheit wüsste ... Wir stehen vor den größten Enthüllungen aller Zeiten! Fichtenau, 3. Aufl. 2019, S. 419.

„Im Thomas-Evangelium selbst findet sich ebenfalls ein Hinweis darauf, dass Jesus verheiratet war. So heißt es laut Wilson und Jacobovici im Vers 104:

`Sie sagten zu ihm: >Komm, lass uns heute beten und fasten.< Jesus sagte: >Welche Sünde habe ich denn begangen oder habe ich etwas noch nicht vollendet? Doch wenn der Bräutigam die Brautkammer verlassen haben wird, dann lasst sie fasten und beten.<´“[64]

„Weiter heißt es im Artikel:

`Dieses Verlorene Evangelium ist genau genommen eine Geschichte über Jesus, die ihn als Familienvater darstellt und entführt den Leser auf eine abenteuerliche Reise.´“[65]

„`Es wird von einem Attentat auf Maria und ihre Kinder berichtet und von Jesus politischen und diplomatischen Verhandlungen mit den höchsten Führern des Römischen Reiches sowie weiteren Geheimnissen, die man

---

[64] „Das verlorene Evangelium und sein brisanter Inhalt“, in: Daniel Prinz, Wenn das die Menschheit wüsste … Wir stehen vor den größten Enthüllungen aller Zeiten! Fichtenau, 3. Aufl. 2019, S. 419.

[65] „Das verlorene Evangelium und sein brisanter Inhalt“, in: Daniel Prinz, Wenn das die Menschheit wüsste … Wir stehen vor den größten Enthüllungen aller Zeiten! Fichtenau, 3. Aufl. 2019, S. 419.

nicht für möglich gehalten hätte, wenn man sich an die schüchterne Version der Bibel erinnert.´"[66]

„`Die Namen der Kinder stellen jedoch auch eine Kodierung dar und hinter ihnen verbergen sich ganz andere Namen.´"[67]

„Und was sagte die englische Kirche dazu? Sie hält das alles für eine Komödie und die katholische Kirche lehnt es ab, dieses, wie auch andere auf Echtheit geprüfte Evangelien zuvor, als Original anzuerkennen."[68]

---

[66] „Das verlorene Evangelium und sein brisanter Inhalt", in: Daniel Prinz, Wenn das die Menschheit wüsste … Wir stehen vor den größten Enthüllungen aller Zeiten! Fichtenau, 3. Aufl. 2019, S. 419.

[67] www.huffingtonpost.de/jonatha-dilas/jesus-heiratete-maria-und_b_9463392.html, bzw. „Das verlorene Evangelium und sein brisanter Inhalt", in: Daniel Prinz, Wenn das die Menschheit wüsste … Wir stehen vor den größten Enthüllungen aller Zeiten! Fichtenau, 3. Aufl. 2019, S. 419.

[68] „Das verlorene Evangelium und sein brisanter Inhalt", in: Daniel Prinz, Wenn das die Menschheit wüsste … Wir stehen vor den größten Enthüllungen aller Zeiten! Fichtenau, 3. Aufl. 2019, S. 419f.

„Es würde sonst die Bibel und die Lehre der Kirche >verunreinigen<. Nicht nur das, es würde der Kirche das gesamte Fundament unter den Füßen wegreißen. Doch die Luft für die Kirchen wird immer dünner.“ [69]

„Denn zwei Jahre nach Wilsons und Jacobovicis Veröffentlichungen präsentierte Karen Leigh Kind, Professorin für Frühchristentum und Gnostizismus der *Harvard Universität*, ein Papyrus-Fragment, das sie 2011 von einem Privatsammler erhalten haben will, welches in koptischer Sprache verfasst wurde und laut Radiokarbon-Untersuchungen zwischen 659 und 859 n.Chr. zu datieren sei.“ [70]

„Der koptische Dialekt auf dem Papyrus soll laut eines anderen Professors während oder vor dem sechsten Jahrhundert ausgestorben sein. Eine Papyrologin soll zudem die Echtheit des knapp viermal acht

---

[69] „Das verlorene Evangelium und sein brisanter Inhalt“, in: Daniel Prinz, Wenn das die Menschheit wüsste ... Wir stehen vor den größten Enthüllungen aller Zeiten! Fichtenau, 3. Aufl. 2019, S. 420.

[70] „Das verlorene Evangelium und sein brisanter Inhalt“, in: Daniel Prinz, Wenn das die Menschheit wüsste ... Wir stehen vor den größten Enthüllungen aller Zeiten! Fichtenau, 3. Aufl. 2019, S. 420.

Zentimeter großen Fragments bestätigt haben, genauso wie Experten der Universitäten von *Harvard* und *Columbia*.“ [71]

„Zudem soll es sich bei diesem Papyrusfund um eine Kopie eines Evangeliums handeln, welches ursprünglich womöglich in alt-griechisch im zweiten Jahrhundert verfasst wurde.“ [72]

„Ein paar wenige Worte und Satzfragmente konnte noch erkannt und übersetzt werden. Die brisanteste Aussage auf diesem Stückchen Papyrus:

*`Jesus sagte zu ihnen: >Meine Ehefrau … sie ist fähig, meine Jüngerin zu sein. … Lasst die Leute anschwellen [*vor Wut*] … Was mich betrifft, ich bin auf ihrer Seite, um … (…).<*´“[73]

---

[71] „Das verlorene Evangelium und sein brisanter Inhalt“, in: Daniel Prinz, Wenn das die Menschheit wüsste … Wir stehen vor den größten Enthüllungen aller Zeiten! Fichtenau, 3. Aufl. 2019, S. 420.

[72] „Das verlorene Evangelium und sein brisanter Inhalt“, in: Daniel Prinz, Wenn das die Menschheit wüsste … Wir stehen vor den größten Enthüllungen aller Zeiten! Fichtenau, 3. Aufl. 2019, S. 420.

[73] www.welt.de/geschichte/article126843300/Das-Evangelium-von-Jesu-Frau-ist-echt.html; www.haaretz.com/world-news/ancient-papyrus-fragment-makes-reference-to-jesus-wife-1.465599; https://en.wikipedia.org/wiki/Gospel_of_Jesusu´_Wife; „Das verlorene Evangelium und sein brisanter Inhalt“, in: Daniel Prinz, Wenn das die Menschheit wüsste … Wir stehen vor den größten Enthüllungen aller Zeiten! Fichtenau, 3. Aufl. 2019, S. 420.

„Selbstverständlich forderte der Vatikan, dass das `Evangelium von Jesu Frau´ als Fälschung verbannt wird.“ [74]

„Um diese recht brisanten Entdeckungen noch mit einer pikanten Note zu würzen, gaben Wilson und Jacobovici (Autoren von >The Lost Gospel<) auch gleich bekannt, dass laut des Thomas-Evangeliums die Kinder von Jesus und Maria ebenfalls Kinder hatten und somit die Blutlinie fortführten.“ [75]

„So wie auch bei mir, findet bei Ihnen jetzt sicherlich auch gewisses Kopfkino statt. Denn sollten sich diese neuen Erkenntnisse in Bezug auf Jesus und Maria Magdalena weiter festigen, so müssen wir zwingend davon ausgehen, dass die Blutlinie von Jesus auch heute noch existiert.“ [76]

---

[74] „Das verlorene Evangelium und sein brisanter Inhalt“, in: Daniel Prinz, Wenn das die Menschheit wüsste … Wir stehen vor den größten Enthüllungen aller Zeiten! Fichtenau, 3. Aufl. 2019, S. 420.

[75] „Das verlorene Evangelium und sein brisanter Inhalt“, in: Daniel Prinz, Wenn das die Menschheit wüsste … Wir stehen vor den größten Enthüllungen aller Zeiten! Fichtenau, 3. Aufl. 2019, S. 420.

[76] „Das verlorene Evangelium und sein brisanter Inhalt“, in: Daniel Prinz, Wenn das die Menschheit wüsste … Wir stehen vor den größten Enthüllungen aller Zeiten! Fichtenau, 3. Aufl. 2019, S. 420.

„Über die Jahrhunderte und Jahrtausende (zumindest die letzten 2.000 Jahre) müssten sich die Nachkommen Jesu immer weiter vermehrt und verbreitet haben.“ [77]

„Aber selbst, wenn Jesus und Maria keine eigenen Kinder gehabt haben sollten, so hatte Jesus zumindest sicherlich Geschwister gehabt (auch wenn dies ebenfalls bestritten und in `Glaubensbrüder´ umgemünzt wird), von denen es sicher wiederum mehrere Nachkommen gab usw.“ [78]

„Wie viele von der Blutlinie Jesu leben also heute noch? Sind es ein paar zehntausende, hunderttausende oder gar mehr?“ [79]

„Und wenn Jesus tatsächlich Germane gewesen war, oder zumindest teilweise germanischer Abkunft, so würde dies zusätzlich den Ausrottungswillen gegen die Deutschen und Weißen allgemein erklären,

---

[77] „Das verlorene Evangelium und sein brisanter Inhalt“, in: Daniel Prinz, Wenn das die Menschheit wüsste ... Wir stehen vor den größten Enthüllungen aller Zeiten! Fichtenau, 3. Aufl. 2019, S. 420.

[78] „Das verlorene Evangelium und sein brisanter Inhalt“, in: Daniel Prinz, Wenn das die Menschheit wüsste ... Wir stehen vor den größten Enthüllungen aller Zeiten! Fichtenau, 3. Aufl. 2019, S. 420.

[79] „Das verlorene Evangelium und sein brisanter Inhalt“, in: Daniel Prinz, Wenn das die Menschheit wüsste ... Wir stehen vor den größten Enthüllungen aller Zeiten! Fichtenau, 3. Aufl. 2019, S. 420.

denn man könnte ja nie ganz genau wissen, wie viele Nachfahren Jesu sich unter ihnen befänden."[80]

„Da Jesus ein beispielhaft großes spirituelles Potenzial innehatte, so lebt dieses Potential auch heute noch weiter fort, vielleicht in Millionen von Menschen."[81]

„Selbst wenn es `nur´ noch Funken dieses Potenzials sein sollten, so wissen wir, dass auch der kleinste Funke Licht die Dunkelheit zu erhellen vermag."[82]

„Und davor fürchtet sich die Kabale wie sprichwörtlich der Teufel das Weihwasser!"[83]

---

[80] „Das verlorene Evangelium und sein brisanter Inhalt", in: Daniel Prinz, Wenn das die Menschheit wüsste ... Wir stehen vor den größten Enthüllungen aller Zeiten! Fichtenau, 3. Aufl. 2019, S. 420.

[81] „Das verlorene Evangelium und sein brisanter Inhalt", in: Daniel Prinz, Wenn das die Menschheit wüsste ... Wir stehen vor den größten Enthüllungen aller Zeiten! Fichtenau, 3. Aufl. 2019, S. 420.

[82] „Das verlorene Evangelium und sein brisanter Inhalt", in: Daniel Prinz, Wenn das die Menschheit wüsste ... Wir stehen vor den größten Enthüllungen aller Zeiten! Fichtenau, 3. Aufl. 2019, S. 420f.

[83] „Das verlorene Evangelium und sein brisanter Inhalt", in: Daniel Prinz, Wenn das die Menschheit wüsste ... Wir stehen vor den größten Enthüllungen aller Zeiten! Fichtenau, 3. Aufl. 2019, S. 421.

IV. Ausklang – Aufruf zum Bildersturm:

„Form der weißen Vorherrschaft":

US-Schriftsteller ruft auf, Statuen von Jesus zu stürzen[84]

Der amerikanische Schriftsteller und Bürgerrechtler Shaun King hat via Twitter dazu aufgerufen, alle Bilder und Statuen, die Jesus Christus als „weißen Europäer" zeigen, zu entfernen.

„Ja, ich denke, die Statuen des weißen Europäers, von denen man behauptet, das sei Jesus, sollen auch weg. Sie sind eine Form der weißen Vorherrschaft. Das war schon immer so ", twitterte King. „In der Bibel, als sich die Familie von Jesus verstecken und optisch anpassen wollte, raten Sie mal, wohin sie ging? Nach ÄGYPTEN! Nicht nach Dänemark. Stürzen Sie sie".

---

84 https://de.sputniknews.com/panorama/20200623327413211-form-der-weissen-vorherrschaft-us-schriftsteller-ruft-auf-statuen-von-jesus-zu-stuerzen/

In einem weiteren Posting schrieb King, dass *„der weiße Jesus eine Lüge ist“* und „als Werkzeug der weißen Vorherrschaft“ geschaffen wurde, um weißen Menschen zu helfen, das Christentum als „Werkzeug der Unterdrückung“ zu nutzen. Er fügte hinzu, dass weiße Menschen niemals eine Religion „von einem braunen Mann“ akzeptiert hätten.

King unterstrich, dass alle Bilder, einschließlich der *„Wandgemälde und Buntglasfenster mit weißem Jesus, seiner europäischen Mutter und ihrer weißen Freunde“* entfernt werden sollten.

"Yes, I think the statues of the white European they claim is Jesus should also come down.

They are a form of white supremacy.

Always have been.

In the Bible, when the family of Jesus wanted to hide, and blend in, guess where they went?

EGYPT!

Not Denmark.

Tear them down.

Yes.

All murals and stained glass windows of white Jesus, and his European mother, and their white friends should also come down.

They are a gross form white supremacy.

Created as tools of oppression.

Racist propaganda.

They should all come down."[85]

Die Internetnutzer reagierten gespalten. Während die einen Kings Ansichten zustimmten, wiesen die anderen darauf hin, dass andere Gemeinden Jesus anders darstellen würden. Zum Beispiel habe Äthiopien einen schwarzen und Südostasien einen asiatischen Jesus.

Aktuell laufen in den Vereinigten Staaten vor dem Hintergrund der Proteste gegen Rassismus Diskussionen um die Erinnerungskultur – insbesondere um Denkmäler und Statuen.

---

[85] Shaun King, @shaunking, 22. Juni 2020, 19:07, 4.661 likes, 13.100 Nutzer sprechen darüber

MIX
Papier aus verantwortungsvollen Quellen
Paper from responsible sources
FSC® C105338

Printed by Books on Demand GmbH, Norderstedt / Germany